AF230552

LA FÉODALITÉ

COMPARÉE

A LA LIBERTÉ.

LA FÉODALITÉ

COMPARÉE

A LA LIBERTÉ.

Par F. A. HAREL.

Il n'y a de pays dignes d'être habités par des hommes que ceux où toutes les conditions sont également soumises aux lois.

Voltaire, *Essai sur l'esprit et les mœurs des nations*, chap. 83.

A PARIS,

Chez { L'HUILLIER, libraire, rue Serpente, n°. 16 ;
DELAUNAY, libraire, au Palais-Royal, galerie de bois.

1818.

Imprimerie de RENAUDIÈRE, Marché-Neuf, nº. 48.

LA FÉODALITÉ

COMPARÉE

A LA LIBERTÉ.

J'arrive sur la scène du monde ; mon cœur, encore neuf, est étranger à toutes les vieilles passions qui agitent l'Europe, et ne se nourrit d'aucuns souvenirs : j'appartiens tout entier au temps où je vis. La raison et la vérité, voilà tout ce que je cherche.

Dans l'heureuse ignorance de la méchanceté humaine, où l'on se trouve pendant la jeunesse, j'imaginais les hommes unis entre eux par les liens les plus parfaits, et le genre humain était à mes yeux un peuple d'amis, de frères. Mais quand je vins à ouvrir les yeux et à regarder autour de moi, quand la fatalité du sort fit disparaître cette douce illusion pour me laisser voir la triste réalité, je m'aperçus qu'il y avait des hommes toujours prêts à déchirer leurs semblables.

Méditant sur une chose qui me paraissait si étrange et si inintelligible , je me demandais comment des êtres , qui sont tous de la même nature et ont tous les mêmes besoins, pouvaient avoir des intérêts différens et capables de les rendre ennemis les uns des autres. Mais plus je réfléchissais sur cette circonstance, plus elle me paraissait obscure. Je me trouvais dans un dédale inextricable , et je désespérais d'en venir à bout, quand tout-à-coup je fis cette découverte, que la voix des passions l'emporte souvent parmi les hommes sur celle de la justice.

Aussitôt j'eus atteint le fil qui pouvait me conduire. Je vis dans les passions mal dirigées des hommes la cause de leurs inimitiés. Entre ces passions, j'en démêlai surtout une plus funeste que les autres, celle qui nous porte à vouloir dominer sur nos semblables ; et je vis bientôt découler de là , comme de leur source , les haines et les dissensions, tant politiques que religieuses.

La race des dominateurs fixa quelque temps mon attention ; je l'observai dans les fastes de l'histoire. Je m'abandonnai à la recherche des principes qui l'ont dirigée, et des moyens qu'elle a employés pour pallier ces principes; mais bientôt un mouvement intérieur m'avertit que j'en étais révolté. Mon cœur tressaillit : je sentis que j'étais homme, et que la seule idée d'être réduit à l'état de simple animal, ou plutôt, d'automate , bouleversait tout mon être.

Cette même idée révolte aujourd'hui tous les hommes qui pensent. Aucuns de ceux qui sentent toute la dignité de la nature humaine , ne peuvent consentir à ce qu'elle soit dégradée. Leurs désirs , leurs principes , peuvent se réduire à ces seules paroles : Ils sont hommes, et veulent vivre en hommes.

Mais il en existe d'autres qui ne se révoltent pas moins à cette idée-ci. Ceux-ci, qui, grâces aux progrès de l'esprit humain , se trouvent dans une heureuse impuissance de donner librement suite à leurs desseins , voudraient s'élever au rang de demi-dieux , ou bien, mettre l'humanité au-dessous d'elle-même , afin d'assurer pleinement le règne de leurs passions : le bien public fait leur tourment ; la misère publique ferait leur bonheur. Ils couvrent pourtant sans cesse leurs intentions du prétexte de bien général. Eh ! s'il en était ainsi, pourquoi seraient-ils nos antagonistes ? N'est-ce pas leur cause comme la nôtre que nous défendons , en défendant la liberté ; leur bien comme le nôtre, que nous voulons, en voulant celui de l'humanité ? Moins généreux que nous , ils ne voudraient que leur bien particulier , leur bien-fondé sur le mal d'autrui.

Une autre circonstance fait encore mieux voir que ce n'est pas le bien général qu'ils veulent. Fidèles dans tous les temps et dans tous les pays au même principe, ils se sont constamment opposés aux progrès des connaissances, et ont toujours tenté de charger la pensée des chaînes. Cette conduite est assurément très-conséquente; car pour rendre les hommes esclaves, il faut d'abord asservir la pensée. C'est pourquoi l'on a dit que l'homme vraiment libre est celui qui sait l'être jusques dans les fers, et que l'on pouvait être esclave au sein même de la liberté. Combien de nos contemporains sont encore dans ce dernier cas !

Pour mieux réussir à arrêter l'élan de la pensée humaine, ils ont persécuté les grands hommes qui, en s'occupant de faire avancer et de propager les lumières, devenaient les bienfaiteurs de notre espèce; et ils ont fait tous les efforts possibles pour les rendre odieux aux yeux de la multitude. C'est dans ce dessein qu'ils les ont toujours chargés de l'accusation d'athéisme ou d'irreligion, cette accusation étant le plus sûr moyen de faire encourir à ceux qu'on charge ainsi l'indignation du vulgaire des hommes. Ils ont assez bien atteint leur but; car, dans notre siècle même où les lumières ont cependant triomphé de l'ignorance, l'idée de phisophie ou de savoir est encore inséparable de celle d'impiété pour bien des gens. Qu'était ce donc dans d'autres siècles ?.... O chose inconcevable ! on était parvenu à faire de la sagesse un objet d'aversion pour les hommes !

En France, par exemple, Descartes a été accusé d'athéisme, lui qui a rassemblé toutes ses forces pour le combattre ; Montesquieu a été imbécillement accusé de spinosisme et de déisme à la fois, lui qui a montré tant de respect pour la religion chrétienne ; Voltaire a été accusé d'athéisme, lui qui a cherché plusieurs fois des preuves de l'existence de Dieu contre les athées ; Rousseau a été accusé d'irreligion, lui en qui la religion a trouvé son plus éloquent défenseur..... Et n'eût-on pas jadis le spectacle de telles accusations dans Athènes même, où Socrate fut condamné comme impie ? L'exemple d'Anytus a trouvé partout des imitateurs.

Si, après ces temps passés, nous venons à examiner le temps présent, nous trouverons que l'esprit qui a dirigé toutes ces accusations, n'est pas encore tout-à-fait éteint. C'est au fond encore lui-même qui poursuit de nos jours un nouveau système d'éducation admirable, je veux parler de l'enseignement mutuel. Ce système est regardé comme anti-religieux par ceux qui ne voient dans la religion qu'un moyen de servir leurs passions, parce qu'il doit mettre plus de noblesse et d'élévation dans les sentimens ; parce qu'il doit amener le règne pur de la religion ; parce qu'il doit produire des hommes plus attachés aux mœurs et au bien, des citoyens plus zélés pour la patrie et leurs devoirs ; et surtout, parce que répandant les lumières parmi toutes les classes de la société, il doit faire haïr l'imposture et rendre les peuples plus heureux. La propagation générale des lumières, voilà ce qu'on redoute le plus. J'ai vu des hommes s'indigner de ce qu'un simple artisan aujourd'hui était souvent plus instruit que ceux qu'ils appelaient *les honnêtes gens* il y a un demi-siècle. Je m'arrête...... Je ne ferai qu'une réflexion là-dessus ; c'est que je ne le croirais pas, si je ne l'avais vu de mes propres yeux. . . . . Quels monstres que de tels hommes !

Cependant ce sont ces hommes qui nous disent coupables pour vouloir jouir d'un bien que personne ne peut nous enlever plus légitimement que la vie ; d'un droit sacré et inhérent à notre nature même, je veux dire la Liberté. Etrange chose ! Il fut un temps où les prétentions fondées sur les principes éternels et immuables du bon droit, étaient réputées criminelles, tandis que celles qui n'avaient d'autre base que la violence, l'abus de la raison et les folies de l'esprit humain, passaient pour seules justes. Qui le dirait ! Tout le crime consistait pourtant uniquement dans le désir d'avoir tous les mêmes droits comme hommes, et d'être soumis aux mêmes devoirs comme citoyens.

Heureusement ce temps est passé, et l'humanité qui reconquiert par degrés les biens dont elle avait été frustrée, commence à jouir d'une plus grande prospérité. Mais la crainte de voir paraître un autre temps aussi, et, peut-être, plus affreux encore que celui-là, doit forcer tous les amis de la cause de l'humanité et du bon ordre social à faire une garde vigilante de leurs grands et chers intérêts. Soyons donc attentifs à observer toutes les démarches des opposans du bien général ; mettons à découvert toutes leurs intentions coupables , et rallions-nous sans cesse pour le triomphe de la justice.

Ces opposans sont habiles à se masquer ; sachons à notre tour les démasquer. Suivons-les dans les chemins tortueux où ils s'engagent. Observons-les en particulier dans notre patrie ; il nous sera aisé de nous apercevoir que leur conduite manifeste des arrière pensées , et de démêler les moyens qu'ils emploient pour tendre obliquement à leur but.

Le premier de ces moyens est de chercher à faire paraître leur cause confondue avec celle du Roi. Mais il n'a aucune efficacité , parce qu'il est trop évident qu'il n'est ni ne peut en être ainsi. Ce Roi, dont le cœur humain a dicté les articles de la constitution sous laquelle les Français vivent actuellement ; ce Roi qui eut la gloire de donner aux autres rois de l'Europe un signal auquel nous les voyons répondre aujourd'hui l'un après l'autre ; un tel Roi, dis-je, ne peut être d'aucun parti, ou , pour mieux dire, il ne peut appartenir à aucun autre qu'à celui de l'humanité.

Un autre moyen qu'ils emploient, c'est de faire entendre, au milieu de la prospérité naissante de notre patrie, et qui, nous avons lieu de l'espérer, va devenir croissante, des regrets pour des temps, et un ordre de choses qui ne sont plus. Nous allons examiner si ces temps méritent véritablement des regrets ; nous allons hasarder quelques réflexions sur la féodalité , et peser quelques-unes de ses conséquences relativement aux principes du droit naturel et de la raison.

Nous observerons seulement , avant d'entrer en matière , que c'est bien de la féodalité que nous devons nous occuper, en recherchant ce pourquoi on manifeste des regrets. Il y a deux raisons pour cela, que voici.

La première est que le gouvernement qui succéda en France au gouvernement féodal , sous la forme de monarchie absolue, comme dans la plupart des autres pays, n'était qu'un gouvernement informe qui, à peine né des ruines de la féodalité , s'est trouvé lui-même tombé en ruine : preuve qu'il renfermait beaucoup de principes destructeurs et point qui pussent le conserver. Les nombreux changemens arrivés dans l'état politique de tous les peuples , et principalement dans celui des Français jusques vers le temps de Louis XIV, marquaient qu'une grande révolution s'était opérée dans la manière d'être de ces peuples. Mais cette révolution n'était pas achevée , ou plutôt , elle devait être suivie d'une autre que nous, à qui il était réservé de la voir se poursuivre avec activité, ne verrons probablement pas même se terminer. Ce n'est donc pas cet état social dont le régime féodal a été suivi qu'on peut regretter, puisqu'il suffit d'avoir un peu de bon sens pour voir que cet état, composé en partie d'élémens anciens, partie de nouveaux, tous incompatibles entre eux, n'était rien par lui-même, et que, ne pouvant durer, il devait engendrer le despotisme ou la liberté.

L'autre raison, qui est en même temps un corollaire et une confirmation de la première, se tire de ce que c'était réellement la féodalité qu'on aimait dans cet autre régime social, et non ce régime même, car on n'en aimait que ce qu'il renfermait de restes ou débris de la féodalité, et nullement ces élémens nouveaux qui annonçaient un nouvel ordre de choses à venir. Ceci est manifeste par toutes les occasions où l'on s'opposait si vivement aux réformes, et celles où l'on prenait tant de soins pour faire revivre les coutumes et les préjugés éteints, et soutenir les restes de l'ancien édifice qui menaçaient eux-mêmes de s'engloutir entièrement dans l'abîme du temps.

O homme! quelque tu sois, pourvu que ce titre t'inspire de l'attachement, écoute : c'est la féodalité que l'on regrette encore dans notre siècle. Tu vas voir ce que c'est que la féodalité ; tu vas y voir ton nom en opprobre. Je te vois frémir d'avance ; ton indignation est juste, et je la partage. Mais souviens-toi que le temps n'est plus où elle existait, et bénis avec moi l'heureuse époque où tu vis. Seulement prends-en occasion de lire les pensées de ceux qui voudraient faire renaître ce temps, et vas scruter le fond de leurs cœurs. Sache enfin, dans toutes les circonstances, relever la gloire de notre siècle contre ceux qui s'efforcent de la ternir, et repousser avec une fermeté inébranlable tout ce qui tendrait à compromettre de nouveau l'honneur de ton nom, trop long-temps avili.

PREMIÈRE PARTIE.

DE LA FÉODALITÉ CONSIDÉRÉE PAR RAPPORT A L'ÉTAT POLITIQUE.

CE n'est pas une association d'hommes réunis pour mettre en commun leurs forces et lutter avec plus d'avantages contre les obstacles opposés à leurs besoins, qu'il faut s'attendre à voir dans une nation chez laquelle le gouvernement féodal est établi. Non, il n'y a là point d'hommes ; il n'y a que des maîtres et des esclaves entre lesquels la loi du plus fort est le seul arbitre, comme entre les animaux.

En vain on y chercherait des magistrats ; il ne peut y avoir de magistrats qu'où règnent les lois. Aussitôt que ceux qui gouvernent ne sont pas eux-mêmes plus sévèrement soumis aux lois que les gouvernés ; aussitôt qu'ils ne sont soumis qu'à leur volonté, dont la règle est leur intérêt particulier, et, peut-être seulement à quelques coutumes attachées aux mœurs et introduites par eux depuis long-temps, et qu'ainsi ils paraissent, non pas remplir un devoir envers la cité, mais exercer un droit sur elle ; aussitôt, dis-je, que les choses sont tellement disposées, ce ne sont plus des magistrats, ce ne sont que des maîtres. La force et la fortune leur ont donné la domination ; la force et la fortune la leur peuvent enlever tout aussi légitimement qu'elles la leur ont donnée, et les soumettre à leur tour à de nouveaux maîtres.

Tel est le gouvernement féodal. Partout où vous le retrouvez, vous voyez la nature humaine dégradée ; vous n'appercevez que des troupeaux de bétail, et les *heureux* propriétaires de ces troupeaux, *qui les gardent pour les dévorer.* Les plus grands et les plus puissans de ces propriétaires tiennent les autres dans une sorte de dépendance, de manière qu'ils forment entre eux une hiérarchie admirable, qui sert à mieux contenir leurs esclaves et à aggraver le poids de leurs fers.

Les oppresseurs des humains malheureux, descendus alors au rang des bêtes, sont de deux espèces sous la féodalité : les guerriers et les prêtres, qui forment deux castes particulières. Il est remarquable que ceux qui semblaient placés au milieu de l'humanité comme pour être ses défenseurs, aient presque toujours été les plus ardens auxiliaires de ses oppresseurs et les plus fermes appuis du despotisme, en lui prêtant la sanction du droit divin ; du droit divin sur lequel tout homme peut se fonder pour prétendre légitimement jouir de sa liberté.

En effet, si Dieu a créé l'homme libre, si sa volonté suprême a été qu'il soit et demeure tel, comme cela nous est positivement annoncé, quel homme peut priver son semblable de la liberté, et de la liberté même la plus absolue ? Il est évident qu'en posant ainsi les vrais principes du droit divin et du droit naturel en même temps, on serait bientôt conduit à parler du droit politique, qui doit être *purement humain* comme son origine, et dont il résulte que les hommes peuvent aliéner d'un commun consentement une partie de leur liberté pour mieux conserver l'autre et acquérir d'autres avantages. Il est évident encore qu'il résulte de la loi divine, que tous ceux qui prétendraient avoir des droits quelconques supérieurs à ceux de l'humanité, seraient rebelles à cette loi, et que personne ne pourrait soutenir ces prétentions, sans se rendre également coupable envers elle et devenir l'opprobre de toute la nature.

Cependant comprimés sous la féodalité par une double puissance, les hommes ne peuvent sortir de l'oppression que par un bouleversement ou une chute totale de l'ordre actuel des choses. Les oppresseurs ont les plus puissans moyens de se soutenir ; les uns dans la force physique, les autres dans cette force morale qu'ils tirent d'une autorité religieuse fausse, et entièrement contraire à la véritable loi divine, comme nous venons de le dire. Ces forces acquièrent un nouveau degré d'efficacité par leur union et l'appui mutuel qu'elles se prêtent (1). Il est vrai que cet appui mutuel n'a pas toujours eu lieu, et qu'elles se sont quelquefois attaquées l'une l'autre; mais à chaque occasion où l'on s'est aperçu que cette division pouvait devenir favorable à la majorité des hommes, en leur facilitant le recouvrement de leur liberté ; on s'est hâté de se réunir pour le maintien de la servitude.

Dans cette disposition des choses, il n'y avait que l'industrie qui pût opérer le salut de cette majorité des hommes. Ceci nous conduit à faire ici une question. L'industrie peut-elle naître et exister sous le gouvernement féodal ? L'examen de cette question n'est pas difficile. D'abord les mœurs de la féodalité lui sont contraires, en ce qu'on y a une sorte de mépris pour tout ce qui tient aux facultés de l'intelligence (2), et qu'on n'y cultive que les qualités du cœur. L'industrie ne peut donc être cultivée que parmi les classes qui n'ont point de telles mœurs, c'est-à-dire, parmi ces malheureux serfs chez lesquels on trouve pour toutes qualités la soumission et l'obéissance.

---

(1) C'est sans doute là l'origine de cette maxime de l'ancienne monarchie française, que *l'autel est appuyé sur le trône, et le trône sur l'autel.*

(2) Mépris bien nécessaire ; car le système féodal ne peut exister que parmi des hommes barbares, et s'évanouit naturellement devant les lumières de la civilisation.

Mais ces hommes se trouvant disséminés sur la surface des propriétés de leurs maîtres, et n'ayant rien de commun entre eux que la servitude, ne peuvent non plus exercer aucune industrie, tant que le gouvernement féodal reste pur, c'est-à-dire, tant qu'ils ne jouissent pas de quelque liberté. Cependant l'excès de population amène ordinairement la corruption de ce gouvernement ; des hommes trouvent moyen de s'affranchir et d'établir des communautés entre eux ; des villes s'élèvent et deviennent l'image des véritables sociétés civiles. Alors seulement naissent les sciences, les arts et l'industrie.

Qu'est-ce donc qu'un gouvernement sous lequel, tant qu'il reste dans sa pureté, il n'y a ni villes, ni commerce, ni industrie ? Qu'est-ce qu'un gouvernement qui repousse les progrès de l'esprit humain et ne peut se maintenir qu'en empêchant l'essor de la civilisation ? Cela seul ne suffit-il pas pour démontrer plus qu'évidemment que le gouvernement féodal est mauvais, détestable dans son principe et contraire au bien être de l'espèce humaine, puisque ce bien être ne peut venir à celle-ci que de son perfectionnement, et qu'il s'oppose à ce perfectionnement ? Cette réflexion peut s'étendre aussi à cette autre espèce de gouvernement, formé des débris du précédent, et dont nous avons déjà parlé. La même cause oblige donc ces deux gouvernemens à arrêter le plus possible les progrès des lumières, et c'est en cela qu'on trouve le plus grand contraste entre eux et le gouvernement représentatif, dans lequel il est nécessaire de les propager le plus possible pour le bien de l'Etat.

Mais quelle peut être cette cause si essentiellement nuisible à notre espèce, et quelle raison un gouvernement peut il avoir pour craindre les lumières? Un gouvernement qui a pour base véritable le bien être social et n'est fondé que sur la raison, ne craint assurément pas les lumières : au contraire, il les favorise de tout son pouvoir, parce que, plus le peuple sera éclairé, plus il aimera ce gouvernement; mais lorsque ce gouvernement ou cette administration ne mérite pas ce nom, c'est-à-dire lorsqu'il n'est qu'un despotisme ou un moyen d'exaction, alors il a juste sujet de les redouter, car leurs progrès doivent infailliblement amener sa chute.

Or, le gouvernement féodal, par conséquent improprement appelé *gouvernement*, n'est autre chose qu'un moyen d'exaction qui assure le bien être du petit nombre aux dépens du grand. Aucuns principes d'un bon droit politique n'y sont connus. La force y rend toutes les actions légitimes et illégitimes à la fois. Lors donc qu'on a voulu calculer la légitimité ou l'illégitimité des événemens qui se sont passés sous le gouvernement féodal, on a perdu sa peine ; il fallait chercher leur légitimité, non dans des principes, mais dans la force.

On a beaucoup vanté l'ordre et l'harmonie qui règnent dans toutes les parties de l'Etat sous le gou-

vernement féodal ; on a beaucoup admiré cette hiérarchie des conditions, qui, plaçant les hommes à des
degrés divers de puissance et de considération, leur
circonscrit des droits et des devoirs divers. On a dit
que chacun alors avait un cercle particulier d'occu-
pations, d'habitudes et de connaissances dans lequel
son ambition se trouvait contentée ; qu'ainsi toutes
les parties du corps social se trouvaient nécessairement dans une subordination successive qui les liait
toutes ensemble, et il semble qu'on ait voulu faire
entendre que, dans cette inégalité à la fois politique et morale, consistait le véritable ordre social.
Mais quel homme de bonne foi ne voit qu'il est
contraire à tous les principes de la justice et de la
raison d'établir une telle inégalité forcée, tandis que
les rapports sociaux en établissent une plus naturelle, et de priver ainsi à jamais une grande partie
des hommes de la possibilité de jouir des avantages
qui devraient être communs à tous. Ensuite le système féodal condamne l'esprit humain à ne point
faire de progrès ; car on ne fait point d'efforts pour
acquérir des connaissances, où l'émulation ne résulte pas de la rivalité. Mais n'est-ce pas précisément
en cela que consiste son excellence ? Cette question
peut être regardée comme déjà résolue.

Si les hommes sont des matériaux dont les valeurs
intrinsèques et positives soient différentes, et qu'on
doive ranger selon ces valeurs, j'avouerai que le véritable ordre social se trouve dans la féodalité. Mais

si la valeur positive de tous les hommes est la même, et qu'ils ne diffèrent que par leur valeur relative , comme nous le pensons , le système féodal ne présente qu'un ordre apparent, et n'est au fond que désordre, que violence faite à la nature humaine. Le véritable ordre social comporte en même temps une sorte d'inégalité et une sorte d'égalité qu'il faut bien connaître et bien distinguer (1).

On a aussi beaucoup loué le bonheur social qui résultait de la féodalité ; mais il faut faire attention qu'alors on n'a jamais parlé que des classes qui, en effet, étaient heureuses aux dépens des autres , à peu près comme si, voulant faire l'apologie de la guerre, on ne s'attachait qu'au peuple vainqueur, et l'on oubliait entièrement celui qui éprouverait tous les revers. Jamais l'on n'a cherché à faire connaître l'état de ces malheureuses classes gémissant sous l'oppression de toutes les autres , sans mœurs , sans lumières, sans bien être, sans liberté , obligées de souffrir toutes les vexations de leurs dominateurs, et de recevoir sans jugement préalable toutes les sottises dont il plaisait à ceux-ci de charger leur es-

_____

(1) Ce n'est pas ici le lieu de nous étendre davantage sur ce sujet. Nous ferons mieux voir ceci dans un ouvrage assez considérable , sur une matière encore toute neuve et cependant vieille à la fois, *la civilisation*, auquel nous travaillons et que nous nous proposons de faire paraître incessamment après celui-ci.

prit. Il semble qu'on les avait reléguées hors l'humanité ; et, en effet, pendant combien de temps *les seigneurs et les évêques* ne composèrent-ils pas seuls *la nation* ?

Quelquefois même on a semblé parler de liberté, en se retournant vers les temps passés, comme si nous n'en jouissions pas de la liberté. Mais il est des gens pour qui l'esclavage est dans la liberté commune, et qui ne trouvent de liberté pour eux que dans l'esclavage d'autrui.

Cependant si l'on jette les yeux sur un pays tel qu'autrefois la France et l'Allemagne, divisé en autant de petits états, qu'il renferme de seigneuries, ne verra-t-on pas l'ordre, le bonheur, et la liberté détruits par l'effet des seules guerres particulières, qui devront d'autant plus se multiplier, qu'elles sont toujours iniques ? Ces guerres transforment toute une nation en brigands, et tout un pays en un vaste repaire de brigands. Sans doute elles peuvent elles-mêmes être l'objet de l'enthousiasme des apologistes de la féodalité ; ils peuvent montrer les qualités brillantes qu'elles donnaient occasion de déployer, telles que la loyauté, le courage, le dévouement ; ils peuvent faire voir ces chevaliers pesamment armés, qui combattaient pour la chimère qu'on appelait *l'honneur*, et leurs *compagnons* mourant à leurs côtés, engagés par un serment de fidélité. Tout cela est sublime. Mais qu'on recherche les causes de ces guerres, et l'on verra si elles sont dignes d'exciter l'enthousiasme ; surtout que l'on voie , si on le peut, sans indignation , le rôle qu'y jouaient ceux qui étaient simplement comptés pour hommes : « Les paysans qu'on traînait à la guerre, » *seuls exposés et méprisés* , servaient de pionniers » plutôt que de combattans. Les chevaux , *plus* » *estimés qu'eux* , furent bardés de fer , leur tête fut » armée de champfreins. »

Mais ce n'est pas seulement dans les beaux temps de la féodalité qu'il y eut tant d'abus. Presque tous les mêmes vices existèrent dans l'état politique après que la féodalité fut détruite , ou ceux qui disparurent furent remplacés par d'autres. En effet , comment aurait-il pu en être autrement dans le cours d'une révolution assez longue pour embrasser des siècles , la plus belle et la plus difficile qu'ait peut-être subi encore le genre humain ?

Chaque jour voyait faire de nouvelles réformes , et les changemens qu'amenaient ces réformes ne se trouvant pas en harmonie avec les choses qui restaient de l'ancien état , il en devait nécessairement résulter toutes sortes d'inconvéniens. Cet ancien état se décomposait pièce par pièce ; il ne pouvait donc y avoir aucun accord dans ses parties pendant qu'il se décomposait ainsi.

L'humanité ne rentra que difficilement et lentement dans ses droits. Après l'affranchissement des serfs , les hommes n'en furent guère plus avancés. Toujours méprisée , toujours oppressée , la nation qui jusqu'alors avait été comptée pour rien , fut comptée pour peu de chose, et désignée sous le nom de *tiers-état.* On vit ses députés présenter à genoux , aux états généraux, leur avis , formé sous le nom de requête. Ainsi, deux castes dans l'Etat , étaient toujours dans la gloire et l'élévation , tandis que le peuple humilié parlait à genoux dans les personnes de ses représentans devant ses magistrats , ou , pour parler plus correctement, ceux qui eussent dû être ses magistrats.

L'établissement même de ces corps , appelés *parlemens* , ne fut pas aussi favorable à la nation qu'on eût pu l'attendre. Car ces parlemens qui , dans le principe, eussent dû se former en représentation nationale, comme il arriva en Angleterre, dégénérèrent dans la suite, et devinrent les défenseurs des intérêts et des droits d'un corps de magistrats plutôt que de la nation. Ils étaient sortis des ruines de la féodalité ; ils durent donc tomber avec tout ce qui restait d'elle, pour faire place à un nouvel ordre de choses qui rétablît la nature humaine dans ses droits, et la fît triompher de la violence dont on avait si long-temps usé envers elle.

DEUXIÈME PARTIE.

DE LA FÉODALITÉ CONSIDÉRÉE PAR RAPPORT A L'ÉTAT CIVIL.

Si maintenant nous voulons considérer les rapports qui existent entre les citoyens sous le régime féodal, nous trouverons que de tels rapports n'existent pas, parce qu'il n'y a point de citoyens, les seigneurs féodaux ou les *nobles* ne formant pas même de cité entre eux. Il n'existe d'autres rapports que ceux des maîtres aux esclaves, et ceux des maîtres entre eux : les premiers, fondés sur l'idée de la servitude ; les seconds, sur les idées de soumission et d'hommage.

Ceux-ci donnent lieu à des pratiques démonstratives d'honneur et de respect ; ceux-là à une obéissance prompte et aveugle, qui fait regarder des hommes comme la propriété d'autres hommes, et qui, faisant tout rapporter à cette idée, apprend à apprécier de cette manière leurs actions.

Avant d'aller plus loin, nous observons que nous n'aurons pas toujours exclusivement en vue les temps du règne pur de la féodalité. Les changemens arrivés dans l'état civil, suites et complémens nécessaires de ceux survenus dans l'état politique, n'ont jamais été tels qu'ils n'aient laissé une empreinte qui servît à faire apercevoir dans les coutumes et les usages nouveaux leur connexion avec les coutumes et avec les usages qui les avaient précédés. Cette empreinte avait sa source primitive dans les mœurs germaines. C'est elle que nous suivrons principalement; ainsi nous pourrons envisager les mœurs, ou plutôt les lois de diverses époques, sans avoir trop égard à ces époques.

Une chose remarquable, c'est l'esprit qui était résulté chez les anciens Germains de l'établissement de la propriété. La propriété avait établi des droits réciproques chez eux, mais point de devoirs; ils ne formaient pas une société dont chaque membre avait contracté les mêmes obligations envers tous les autres, et chacun vivait isolé au milieu de tous.

Ces dispositions peu développées tant qu'ils restèrent dans les forêts de la Germanie, devinrent plus faciles à saisir lorsque des hordes de ces barbares se débordèrent et soumirent d'autres pays, et elles acquirent leur plus haut degré de développement au temps de l'anarchie féodale, lorsque ces barbares se virent métamorphosés en seigneurs.

De ces dispositions s'ensuivit que la justice ne fut jamais bien connue de ces peuples, et que leur esprit prit à cet égard une fausse direction. Ils fondèrent l'idée de la justice sur celle de la vengeance. Ils ne virent jamais dans une action criminelle, la violation du pacte social ; ils n'aperçurent jamais que le crime privé, et non le public. De là l'idée que c'était à celui qui avait reçu l'offense, à se faire justice, en la vengeant. Mais comme les suites des vengeances particulières auraient pu devenir trop funestes, on a senti la nécessité de les arrêter, et c'est dans les moyens dont on s'est servi pour remplir ce but, qu'on a fait consister toute la justice.

« Chez ces nations violentes, dit Montesquieu ,
» rendre la justice n'était autre chose qu'accorder ,
» à celui qui avait fait une offense, sa protection
» contre la vengeance de celui qui l'avait reçue , et
» obliger ce dernier à recevoir la satisfaction qui lui
» était due : de sorte que, chez les Germains , à la
» différence de tous les autres peuples , la justice se
» rendait pour protéger le criminel contre celui
» qu'il avait offensé (1). »

Une preuve qu'on n'avait point l'idée des crimes publics , c'est qu'il n'y avait point de partie publique qui en dirigeât les poursuites.

Le droit de la vengeance , ou, ce qui est la même chose, de la satisfaction , a toujours été la base de la jurisprudence de nos pères. C'est au fond sur cette même idée dominante que reposent l'usage des

---

(1) *Esprit des lois* , liv. xxx , chap. xx.

compositions, celui du combat judiciaire, et celui des guerres particulières entre gentilshommes, qui, autrefois, existait aussi entre les familles germaines.

Cette idée a même laissé long-temps des traces parmi nous. L'horrible coutume, trop long-temps usitée, de punir des crimes plus ou moins grands par divers genres de supplices capitaux, plus ou moins terribles, et de proportionner ainsi la peine à la criminalité de l'action, n'a d'autre fondement que l'idée de vengeance ou celle d'expiation. Cependant rien n'est si contraire aux vrais principes de la justice. Dans la poursuite d'un crime, ce n'est jamais la vengeance de la partie lésée qu'on doit avoir en vue, mais seulement l'infraction du pacte social, dont le criminel s'est rendu coupable, en violant les lois de l'Etat. La peine de mort, qu'il serait à désirer qu'on abolît tout-à-fait, ne doit jamais être prononcée qu'autant que la conservation de l'individu coupable met la société dans un péril imminent ; ce n'est donc alors que parce que le salut de l'Etat exige la mort de cet individu, qu'on le fait périr, et il n'est par conséquent permis d'employer que le genre de supplice le plus prompt.

Mais si les dispositions des peuples germains donnèrent naissance à des choses contraires à la raison dans l'administration de la justice, il en fut de même à l'égard de tous les rapports sociaux. Après l'établissement de la féodalité, certains hommes possédaient toutes sortes de droits, sans être soumis à aucuns devoirs, tandis que le plus grand nombre semblait fait pour eux, et avait une multitude de devoirs à remplir envers eux ; et, sans parler des serfs qu'on ne comptait plus que comme des bêtes de somme, à quelles obligations n'étaient pas tenus ces deux autres espèces de gens qui étaient les arrière-vassaux et les hommes libres, ou possesseurs de terres allodiales. Le genre humain était serviteur d'une poignée de seigneurs et de rois qu'il avait pour maîtres, et qui ne reconnaissaient d'autre loi que leur volonté, d'autres devoirs que leurs passions.

Qu'on réfléchisse quel pouvait être le gouvernement civil dans ces temps-là. Il n'était point une administration publique ; il n'était que l'administration privée des maîtres qui, en exerçant leur pouvoir, jouissaient de droits acquis par la violence faite à la raison et au bon droit, et conservés par cette même violence.

Le même peuple n'était pas gouverné par des lois communes à tous les citoyens et faites pour leur utilité générale ; mais chaque canton, formant une sorte d'état particulier, avait des lois particulières, qui toutes n'avaient d'autre cause que le caprice, d'autre but que l'intérêt des gouvernans. Outre cela, tout le monde était exposé à mille vexations secrètes de la part de ces tyrans subalternes adjoints aux seigneurs, qui leur aidaient dans l'administration de la justice et des autres affaires ; et l'on y était ex-

posé sans aucun moyen véritable de recours contre
eux.

Un autre genre de despotisme résultait de la diversité des conditions des castes, et des pouvoirs
affreux que chacune d'elles exerçait, sans qu'on
puisse jamais les définir, et qui tantôt se combi-
naient ensemble, tantôt se renversaient l'un l'autre.
Le clergé exerçait une souveraineté, la *noblesse* en
exerçait aussi une, et il serait difficile de dire laquelle était la plus tyrannique et la plus exécrable.
L'esprit que ces castes ont toujours si bien su conserver, tant qu'elles existèrent, et qu'on s'est
efforcé de réveiller même encore après que leur existence politique fût anéantie, est un des plus grands
obstacles au bien public dans la société.

Il n'y a rien tel que le sort malheureux de ces
hommes qui supportaient tout le poids de la hiérarchie féodale. « Quel état pour un cultivateur, dit
» un philosophe, que de se trouver sujet d'un sei-
» gneur, qui est lui-même sujet d'un autre dépen-
» dant encore d'un troisième. » Ecrasés sous un
fardeau si terrible, ces malheureux étaient courbés
vers la terre sans pouvoir se redresser un seul
instant.

Les idées de cette dépendance absolue, qui équi-
vaut presque à la propriété et sur laquelle se fonde
tout le système féodal, avaient produit une quantité
innombrable d'abus et fait naître les erreurs les
plus ridicules. Qui le croirait! ces abus allèrent jusqu'à faire du droit de justice, qui n'appartient qu'à

la société toute entière, et ne se peut rendre que par elle et pour elle, « un droit inhérent au fief même, » un droit lucratif qui en faisait partie » ; et l'on connut une maxime qui portait *que les justices étaient patrimoniales.*

S'il est possible de trouver quelque part la raison humaine descendue à un degré d'abaissement qui surpasse toute imagination, c'est asssurémeut ici qu'on le peut, c'est dans ce gouvernement bizarre et révoltant, né des mœurs des barbares du nord, que l'on a vu une fois en Europe, et que l'on n'y verra sans doute plus.

Les divisions féodales du pays, d'où résulte cet état de la société qui présente à la fois son démembrement informe et l'assemblage plus informe encore des parties démembrées, avaient causé bien des désordres dans l'état civil. Chaque seigneurie avait des usages particuliers, et ces usages formaient le droit civil ; chaque seigneurie avait donc son droit civil particulier.

Cette grande diversité de droits civils était bien mauvaise et présentait bien des inconvéniens ; mais il y avait en outre cet inconvénient que tous ces droits étaient défectueux, parce qu'ils ne tiraient pas leur origine de la vraie source, et qu'ils n'étaient pas fondés sur des bases équitables. Nous pourrions examiner ceci plus amplement, si nous ne craignions qu'un tel examen ne parût ridicule.

Il y avait encore cette distinction à faire en France, qu'elle était en partie régie par le droit romain ou écrit, et en partie par le droit non écrit ou les coutumes : cette dernière partie s'appelait la France coutumière. Or, je demande quelle était la situation relative des citoyens dans un pays dont les lois avaient si peu d'uniformité. Que dis-je? des citoyens ! Assurément des hommes dont les lois, les mœurs et les usages étaient si divers , ne formaient point entre eux de cité ; bien qu'ils parlassent une même langue , qu'ils habitassent un pays du même nom , et qu'ils eussent tous un chef suprême commun.

Mais on nous objectera peut-être ici ces paroles de Montesquieu : « Lorsque les citoyens suivent les » lois, qu'importe qu'ils suivent la même? » Pour y répondre, nous emprunterons le langage même de ce grand homme, et nous le prendrons par ses propres paroles.

Il nous dit qu'il y a un genre de perfection dans certaines idées d'uniformité , qui fait que ces idées frappent infailliblement les petits esprits et saisissent quelquefois les grands , parce qu'ils reconnaissent ce genre de perfection qu'il est impossible de ne pas découvrir. Mais il se demande si l'uniformité est toujours à propos, sans exception ; et si la grandeur du génie ne consisterait pas mieux à savoir dans quel cas il faut l'uniformité , et dans quel cas il faut des différences (1). Pleinement d'accord avec lui

______

(1) Voy. le ch. xviii du liv. xxix de l'*Esprit des lois.*

dans cette idée, nous dirons que les lois précisément nécessitent l'uniformité. La même religion dans l'Etat n'est pas nécessaire ; elle n'est pas même utile à quelque chose. Toute religion a pour but le culte de l'Etre suprême ; la différence ne consiste que dans la manière de lui rendre ce culte. Or, il est bien indifférent qu'on adore Dieu de mille manières diverses, ou de la même manière : cela ne peut avoir la moindre influence sur l'ordre social, ni sur le bien être des hommes. Les mêmes poids dans la police, les mêmes mesures dans le commerce, sont un grand bien ; ils sont d'une grande utilité, mais sans être d'une nécessité absolue. Mais les mêmes lois sont rigoureusement nécessaires, si l'on veut que les rapports civils soient exacts et bien connus, que les individus se regardent comme membres de la même cité, et qu'ils portent un grand attachement aux lois et à la patrie.

D'ailleurs si, conformément aux principes du droit politique, les lois sont l'expression de la volonté générale, la même société doit avoir les mêmes lois. Il est absurde d'imaginer seulement le contraire qui ne peut arriver que quand un peuple est esclave, et reçoit des lois de divers souverains, ou d'un même qui a intérêt à ce que différens départemens de son pays aient des lois différentes.

Enfin le plus grand abus de la raison, le plus grand obstacle peut-être à l'ordre et au bien de la société, a été de faire participer le sacerdoce au gouvernement civil, et de lui laisser prendre ainsi le rang d'une puissance dans l'Etat. Le clergé eut une juridiction, et sa juridiction l'emporta même long-temps sur la juridiction laïque; car elle avait des armes qui manquaient à celle-ci, et qui lui facilitaient les usurpations. Le sacerdoce a toujours été mis en rivalité avec l'empire; cependant, loin d'être une puissance, il n'est rien qu'une magistrature dont les membres doivent être soumis aux de lois l'Etat, au lieu de lui en dicter (1).

D'autres abus, d'autres sottises appelleraient encore notre attention; mais nous nous arrêtons. Nous terminerons cette seconde partie par cette réflexion générale, que l'incohérence est le caractère de la féodalité, quoiqu'à l'examiner superficiellement il n'en paraisse pas être ainsi. Où tant de volontés particulières, et par cette raison même opposées, règnent, il ne peut manquer d'y avoir un grand nombre de choses sans connexion entre elles et même contradictoires, quoique liées en apparence. Rien d'ailleurs n'étant fondé sur des motifs d'intérêt, de bien général, tout naît sans cause constante, c'est-à-dire, sans cause puisée dans les besoins de la nature humaine; et, par cette raison, rien ne pouvant avoir de stabilité, tout périt quand la cause qui l'a produit a cessé, ou est remplacée

---

(1) Nous renvoyons à ce sujet au Traité *de la civilisation* dont nous avons déjà parlé.

par une autre. Les institutions, les lois, les mœurs, n'ont pas entre elles cet enchaînement merveilleux auquel on reconnaît l'ouvrage de la raison et l'empreinte du bien.

TROISIÈME PARTIE.

DU RÉGIME REPRÉSENTATIF ET DU TEMPS ACTUEL
MIS EN PARALLÈLE AVEC LES TEMPS PASSÉS.

Je me hâte pour arriver à des temps plus heureux, et pouvoir opposer aux monumens de la folie humaine, les monumens d'une sagesse retrouvée ; à l'ouvrage de la violence et de la barbarie, l'ouvrage de la justice et de la civilisation. Ce n'est plus l'ignorance, mais la philosophie, plus l'égoïsme, mais la philantropie, plus le hideux despotisme, mais l'aimable liberté, qui vont se présenter à nous ; et nous sentirons mieux la différence qu'il y a entre ces choses par le contraste qui résultera de leur rapprochement continuel. O vous qui préférez toujours le temps qui n'est plus à celui où vous vivez, les institutions qui sont tombées à celles qui existent, voulez-vous savoir quel est mon but ? Je n'ai pas la folle prétention de montrer tout le mal du système féodal, et tout le bien d'un système basé sur les droits inaliénables et éternels de l'homme ; je ne prétends pas faire d'un ouvrage aussi imparfait et aussi grossièrement ébauché que celui-ci, un ouvrage de jurisprudence : je ne veux que défendre mon siècle et les institutions sous lesquelles je vis contre vous, pygmées insensés.

Quel espoir ne conçoit-on pas sur le sort des nations et sur celui des individus depuis qu'une nouvelle ère, celle des gouvernemens représentatifs, est commencée? Déjà la France éprouve l'heureuse influence de ces gouvernemens; déjà la liberté s'y élève sur un trône qui va s'affermir. Ce trône, ainsi que celui de l'égalité devant la loi, sont assis près l'un de l'autre sur les ruines des priviléges. Les maux qui, autrefois, désolèrent ce beau pays, et lui empêchèrent de devenir aussi florissant qu'il eût dû l'être, ont cessé ; ils sont remplacés par autant de biens, et d'heureux augures font pronostiquer que la France, après avoir réparé ses malheurs, atteindra le haut degré de prospérité vers lequel elle a pris son essor, et tiendra toujours le premier rang parmi les nations civilisées du monde.

On doit compter au nombre des plus grands biens que le régime représentatif procure à l'Etat, un droit qui appartient à la nature de l'homme, et qui, en même temps, tient si essentiellement à ce système de gouvernement, que, sans ce droit, il devient ridicule et illusoire : ce droit consiste dans la faculté de publier ses opinions. Il en résulte un double avantage pour les individus et pour le gouvernement. La sûreté des individus acquiert par-là une garantie de plus, parce qu'aucun acte arbitraire ne peut rester caché dans l'obscurité, et qu'aucun homme en pouvoir ne peut devenir prévaricateur, sans s'exposer à voir son infamie honteusement divulguée aux yeux de toute la nation. Le gouvernement, à son tour, en retire l'avantage d'être toujours éclairé sur la situation et les vœux du peuple, et d'entendre sans cesse la voix publique qui lui indique le chemin à suivre pour faire le bien ; tandis que, privé du flambeau bienfaisant de la presse, il pourrait prendre une fausse route, et après s'être égaré, ne reconnaître son erreur que quand il ne serait plus temps, et qu'il serait arrivé sur le bord d'un précipice, sans pouvoir éviter d'y tomber.

L'indépendance de la puissance judiciaire, l'admirable institution du jury, sont de nouveaux bienfaits du régime représentatif. Ces choses, établies sur leurs véritables bases, suffiraient, pour ainsi dire seules, pour garantir la sûreté, la liberté, la propriété, s'il n'y en avait encore d'autres garanties.

Les hommes dans les mains desquels l'administration de la chose publique est confiée, ne sont plus les agens d'un despote, mais les mandataires de la nation envers laquelle ils ne se sont jamais acquittés qu'autant qu'ils peuvent en conscience lui rendre compte de toutes leurs actions, et même de leurs intentions. Les suppôts de la tyrannie doivent nécessairement être pris dans une caste particulière ;

les soutiens de l'ordre social, les magistrats d'un peuple libre peuvent l'être dans toutes les classes de la société : aussi chaque citoyen, sous le régime représentatif, peut-il être appelé à remplir les devoirs de la magistrature envers la cité; c'est le mérite et la capacité des individus qui décident du choix de la patrie. Enfin, pour que la nation soit mieux assurée d'être toujours servie suivant son intérêt, ses principaux magistrats, ceux qui se trouvent à la tête de l'administration , autrement appelés les ministres , sont responsables (1); et cette responsabilité , qui est encore une chose tenant à l'essence du gouvernement représentatif, produit les plus heureux effets.

Ce n'est plus un tyran , un maître absolu qui règne sur la patrie , mais un roi légitime, dont la juste autorité émane des conventions de notre pacte social, et dont le pouvoir est prescrit et borné par la constitution de l'Etat. Le prince des Français ne peut plus désormais se voir au milieu d'un troupeau de bêtes dont il est le maître ; il se voit au milieu d'un peuple libre dont il est le chef suprême : il ne règne plus sur de vils esclaves , il a la gloire de régner sur des hommes , sur des citoyens.

____

(1) Il faut faire attention que je parle du gouvernement représentatif tel qu'il doit être par sa nature, tel qu'il est établi par la constitution de l'Etat, et non pas de ce gouvernement tel qu'on a cru devoir le rendre par *la loi des circonstances*.

Aucune volonté étrangère ne dicte plus des lois au peuple français ; il se les donne lui-même par le moyen de la REPRÉSENTATION NATIONALE. On ne verra plus de ces assemblées qui, sous le nom d'états généraux, étaient convoquées de loin à loin, et seulement quand elles étaient indispensablement nécessaires ; qui, toujours comme frappées de vertige, étaient inhabiles à réparer les maux de l'Etat, incertaines et tardives à prendre quelque décision, et *se demandaient les lois et les usages, au lieu d'en faire.* Chaque année le temps revient où nos représentans actuels se réunissent près du centre de l'administration publique ; ils examinent sans cesse comment le gouvernement s'est acquitté de l'exécution des lois qui lui a été confiée ; ils sont dans l'heureuse puissance de toujours prévenir les malheurs et d'écarter les orages à temps, de toujours nous faire jouir de toutes sortes de bienfaits à propos ; ils savent nos besoins, nos désirs, ils ont une parfaite connaissance des affaires publiques, et pour ne jamais faillir, ils peuvent toujours prendre dans l'opinion publique un guide assuré.

La réunion et la séparation périodiques des représentans d'un peuple libre, ont quelque chose de bien noble et de bien touchant. Nous voyons tous les ans nos représentans interrompre le soin de leurs affaires particulières pour aller s'occuper de nos intérêts généraux ; et, après s'être acquittés de cette tâche sublime, retourner au sein de leurs familles, et s'y efforcer d'ajouter encore , par leurs travaux et leur industrie , à l'estime et à la reconnaissance publiques qu'ils ont méritées : nous le voyons , et quand nous comparons cet état de choses à celui sous lequel tant d'infortunées générations de nos ancêtres ont passé , nous versons des larmes d'attendrissement , et nous répétons au fond de notre cœur palpitant le mot de *liberté*.

Cette précieuse liberté , ce fruit plus doux que tous ceux que la terre nourrit dans son sein , est à jamais reconquis pour l'humanité ; le temps et les progrès des lumières , qui ont déjà renversé tant de monumens du despotisme , finiront , nous n'en doutons pas , par les détruire tous pour élever à la place de chacun d'eux un temple de la liberté.

Nous jouissons de ce fruit , non-seulement sous les rapports politique et civil , mais cette jouissance s'étend aussi à l'état religieux. L'église catholique n'est plus en France , cette orgueilleuse dominatrice qui voulait faire plier sous son joug et peuples et rois , qui voulait que tout se fît par elle et pour elle , qui prétendait être seule bonne , seule vraie , seule reconnue. Sa domination tyrannique et injuste a été anéantie. On l'a forcée de paraître humble comme toutes les autres églises chrétiennes et non chrétiennes , qu'auparavant elle voulait toujours écraser. La religion qu'elle professe et enseigne , s'exerce comme les autres *avec une égale liberté* , obtient *la même protection* , et rien de plus. De maî-

tresse qu'elle était, elle est devenue égale. Nous
n'avons plus à craindre ces affreux attentats contre
des hommes, des frères, dont le seul souvenir fera
éternellement gémir l'humanité, et surtout la chré-
tienté; et l'on n'a plus besoin d'être de telle ou telle
croyance pour être citoyen et jouir des droits attachés à cette qualité. Il faut même espérer que le
jour arrivera où l'église catholique de France, en
rejetant de son sein tous principes ultramontains,
se rendra digne enfin de n'être plus désignée que
par son titre de *gallicane*. Qu'il est désirable, ce
jour, et qu'il sera beau et mémorable pour la pos-
térité !

Tous les cultes, toutes les opinions religieuses
étant libres, il en est résulté une plus grande dose
d'humanité parmi les hommes; car l'intolérance
tend toujours à étouffer tous les sentimens de com-
misération et de bienveillance. Quoique notre siècle
ait encore, à notre grande affliction, été témoin
de scènes horribles, il n'en est pas néanmoins vrai
que le fanatisme n'est plus qu'un lévier bien peu
puissant pour agir sur le cœur des hommes : ces
scènes n'ont été produites que par les derniers efforts
qu'une rage forcenée fit tenter au monstre expirant.
La superstition a beaucoup perdu de son empire ;
mais, en revanche, l'industrie a fait des progrès
immenses.

Depuis le règne de Louis XIV, c'est-à-dire l'époque où quelques abus tombèrent, un changement

s'est fait sentir dans toutes les branches du savoir humain. Mais depuis la grande époque de 1789, où les abus furent réformés avec ardeur, où les obstacles furent renversés sans ménagement, l'industrie a pris un essor vigoureux que rien n'a pu arrêter, pas même les troubles et les maux de la guerre, ni les fers dont la chargea le despotisme : c'est que ces maux, seulement passagers, ne lui étaient pas inhérens comme les maladies qui l'avaient paralysée autrefois, et dont elle était parvenue à se guérir.

Quelle était cependant la principale de ces maladies qui lui avaient été si nuisibles? Le mépris du travail et l'amour de l'oisiveté ; ou bien, pour nous expliquer plus clairement, l'espèce d'infamie attachée à la vie dont on pourvoyait les besoins par le produit de son propre travail et l'usage de ses propres facultés, et la gloire qu'on mettait à vivre dans la fainéantise et à satisfaire à ses besoins au moyen de la rapine ou des tributs mis sur les richesses d'autrui. L'industrie, méprisée, ne pouvait que languir.

On aurait bien voulu envelopper dans ce mépris toutes les branches de l'industrie ; mais comme les hommes qui se livraient à des travaux intellectuels, avaient acquis par ces travaux même une supériorité infinie sur les autres hommes, supériorité que les puissans et les demi-dieux de la terre étaient eux-mêmes obligés de reconnaître tacitement, en dépit de leur grandeur et de leur élévation, il ne fut pas possible de mépriser les travaux de l'entendement. On s'en dédommagea en partie en faisant retomber plus fortement le mépris sur l'industrie manuelle , et en mettant l'industrie intellectuelle en tutelle. La pensée humaine mise en tutelle ! Quelle dérision ! Et sous quelle tutelle , grand Dieu ! sous celle d'hommes qui étaient ses ennemis par nature. Aussi cette protection ne fût-elle pas véritable ; on ne protégea que pour pouvoir plus facilement arrêter les élans de l'esprit qui pouvaient nuire aux protecteurs. L'idée de la protection emporte celle de la servitude : les travaux de l'intellect, comme tous les travaux de l'homme , ne veulent point de protection ; ils veulent la liberté.

Cependant le temps étant arrivé où l'industrie devait être justement appréciée , elle sortit de l'état d'abjection où on l'avait plongée. L'agriculture, le commerce et ses autres branches, furent mises en honneur ; ce qui avait servi auparavant à mettre une distance énorme entre les hommes , devint une cause qui rendit l'inégalité moindre entre eux (1).

» (1) Il faut encore observer, *dit Voltaire , siècle de*
» *Louis XIV*, que les gains du commerce ayant aug-
» menté et les appointemens de toutes les grandes charges
» ayant diminué de valeur réelle , il s'est trouvé moins
» d'opulence qu'autrefois chez les grands , et plus dans
» le moyen ordre ; et cela même a mis moins de dis'ance
» entre les hommes. Il n'y avait autrefois d'autre res-

Enfin nos jours fortunés ont vu disparaître tout-à-
fait cette inégalité politique.

Il ne faut pourtant pas croire qu'aujourd'hui l'industrie soit également honorée par tout le monde.
Il y a toujours des hommes qui se complaisent à
déprécier tout ce qui a du mérite, et à préconiser ce
qui est digne de la haine ou du mépris : ces hommes
sont ceux qui voudraient servir leur intérêt particulier aux dépens de l'intérêt général. Nous les voyons
parmi nous se consumer en efforts pitoyables pour
essayer de ridiculiser l'industrie et tout ce qui tient
à elle. Quelques-uns d'entre eux, que la crainte de
paraître ridicules eux-mêmes rend un peu plus sen-
sés, ou qui voient dans leur manière d'agir un
moyen plus sûr d'arriver à leur but, cherchent à
élever fortement l'agriculture aux dépens des autres
branches de l'industrie, tandis qu'elles doivent
toutes être placées de niveau. L'intention qui les fait
agir ainsi, est trop connue pour qu'il soit nécessaire
d'en dire quelque chose ici, quoique cela trouverait
sa place naturelle dans cet ouvrage. Leurs projets
seront déjoués ; car nous possédons au milieu de
nous des hommes qui éclairent sans cesse l'opinion
publique, et qui lui empêcheront de s'égarer.

Nous ferons seulement ici une réflexion générale,

» source pour les petits que de servir les grands. Aujour-
» d'hui l'industrie a ouvert mille chemins qu'on ne con-
» naissait pas il y a cent ans. »

qui peut s'appliquer dans tous les cas et à toutes les
circonstances. Aussitôt qu'en parlant d'une chose
utile, on a l'intention marquée de la faire prévaloir
sur d'autres choses corrélatives et également utiles ;
aussitôt qu'on veut faire prédominer un intérêt particulier sur d'autres, on peut croire que c'est l'é-
goïsme qui fait parler, que c'est l'intérêt individuel
dirigé dans un sens contraire à l'intérêt public. L'a-
mour du bien donne à chaque intérêt particulier le
plus grand degré d'extension possible ; mais c'est
précisément parce que l'ensemble de tous les intérêts
particuliers forme l'intérêt général, et ce n'est jamais pour nuire à aucun. Au contraire, l'amour
du mal est toujours caractérisé par l'égoïsme ; ce
n'est jamais que pour nuire aux autres intérêts qu'il
cherche le bien de l'un d'entre eux. Entre toutes les
passions nuisibles à l'espèce humaine, la plus funeste est l'égoïsme ; elle renferme, pour ainsi dire,
toutes les autres, et l'on ne saurait assez s'appliquer
à reconnaître avec soin les nombreuses formes diver-
sifiées sous lesquelles elle est habile à se présenter,
pour la combattre avec fruit sous chacune de ces
formes.

La considération, ou plutôt la gloire attachée
actuellement à la pratique de l'industrie, est la première cause des progrès rapides qu'elle a faits, et a
répandu un nouveau degré de prospérité et de lumières sur toutes les classes de la société. Mais la
classe des habitans des campagnes est celle où les

révolutions qui se sont opérées se font encore le mieux sentir. En effet, si nous jetons un coup-d'œil sur les campagnes, combien ne les trouverons-nous pas plus heureuses qu'aux siècles passés? Comparons leurs habitans aux deux époques. Ces malheureux paysans croupissaient autrefois dans l'ignorance ; ils ne s'appartenaient pas à eux-mêmes ; ils se regardaient comme la propriété de leurs maîtres ; ils n'avaient point le sentiment de la dignité de l'homme ; ils ne se croyaient destinés à autre chose qu'à servir continuellement comme des bêtes de somme, pendant qu'ils végétaient sur cette terre, ceux que la destinée avait placé au-dessus d'eux, et ils le croyaient, sans pouvoir s'en rendre de raison (1). Leur sort est plus noble et plus doux

____

(1) Voici le tableau que fait Villers de leur état au 16e. siècle, dans son précieux et savant ouvrage sur *la Réformation :* « Ceux-ci étaient si ignorans, et tellement
» préoccupés de papes et de clergé, d'empereurs et de
» noblesse, de saints, de miracles et de redevances féo-
» dales, qu'ils étaient inaccessibles à une raison saine et
» à toute considération de leurs droits. L'excès de l'op-
» pression les porta çà et là, en divers temps, à quelques
» révoltes qui, faute d'ensemble, n'aboutirent à rien.
» On en massacrait à chaque fois quelques milliers, et
» on appesantissait les chaînes de ceux qui avaient
» échappé à la boucherie. En général, ils ignoraient
» qu'il fût une autre manière possible d'exister, que

aujourd'hui ; ils sentent qu'ils sont estimables et estimés ; ils ont des notions de leurs relations sociales ;
ils savent qu'ils sont membres de la cité. La
seule vue d'un archer faisait autrefois trembler le
campagnard ; aujourd'hui égal à tous ses conci-
toyens, ne dépendant d'aucun d'eux, mais uniquement des lois , il est dans une parfaite sécurité tant
qu'il n'a point violé ces lois , et la vue d'un gen-
darme n'excite plus en lui cette frayeur respec-
tueuse, assez semblable en quelque sorte à cette
sainte horreur que les anciens éprouvaient en assis-
tant à leurs sacrifices.

Cette terreur, il est vrai, qu'inspiraient parmi
ces hommes paisibles les agens du pouvoir, pouvait
être regardée comme très-salutaire , parce qu'on
pouvait croire que c'était le seul moyen de les contenir dans leur devoir à cause de leur stupidité ; car
l'on sait que, quand les hommes ne connaissent
aucuns droits, ils ne peuvent non plus connaître
aucuns devoirs , et que, d'ailleurs , ils se portent
plutôt vers le mal que vers le bien , quand ils ne
peuvent pas être mus par des sentimens généreux.
Cependant, pour leur faire chérir maintenant le
devoir, on n'emploie plus des moyens si inhumains ;
au lieu de leur faire peur , on s'occupe à les arra-

» d'aller aux corvées pour leurs seigneurs , et d'être
» pillés par les gens de guerre. »

cher de l'abrutissement, on les instruit de ce qui produit le bien ou le mal commun, on les met dans un état où ils soient susceptibles de générosité. Je sens que ces nouveaux moyens sont encore une invention de ces novateurs détestables qui ont perdu le genre humain, et qu'ils n'étaient point praticables alors qu'on craignait tant de dévier en la moindre chose de la ligne tracée, pour le bien de tous, par le concours du despotisme et de l'ignorance.

Mais, dira-t-on peut-être, vous n'êtes pas de bonne foi. Si vous recherchez les choses dans lesquelles les temps actuels sont éminemment supérieurs aux temps passés, vous évitez soigneusement de parler de celles dans lesquelles les temps passés l'emportaient sur les temps actuels. Vous nous montrez bien ce que certaines classes de la société ont gagné, vous nous parlez bien de l'anoblissement de leur destinée ; mais vous ne nous dites rien de ce que certaines autres classes ont perdu, et vous nous cachez la dépravation de celles-ci. Examinez les mœurs, les vertus des anciens *nobles*, et voyez si vous trouvez quelque chose dans vos mœurs actuelles qui puisse en compenser la perte.

Je réponds que, si l'on peut méconnaître nos vertus, c'est sans doute parce qu'elles ne ressemblent pas à celles des anciens *nobles*, mais que ce n'en est pas moins une grande erreur de croire qu'elles n'existent pas : loin de n'avoir point de vertus comparables aux leurs, nous en avons qui sont supérieures peut être à celles-ci. Une grande différence, nous en convenons, existe entre elles, et c'est cette différence même qu'il faut savoir saisir pour les connaître.

Si la *loyauté* des preux consistait à se battre avec bonne foi et noblesse, notre *loyauté* consiste à apporter de la bonne foi et de la noblesse dans nos relations commerciales et industrielles. S'ils mettaient leur *honneur* à faire du mal à leurs semblables, nous mettons le *nôtre* à leur faire du bien. Massacrer les hommes, incendier leurs habitations, ravager leurs moissons, piller leurs richesses, détruire tous les fruits de leur industrie, égorger même leurs enfans sans défense, en un mot, faire la guerre, n'est plus une chose que nous tenons à *honneur;* c'est une chose sur laquelle nous gémissons chaque fois qu'une triste nécessité nous y force. *L'honneur* consiste pour nous à rivaliser dans les productions de l'intelligence, à faire faire sans cesse de nouveaux progrès à nos sciences et à notre industrie, à nous occuper de découvertes utiles et propres à améliorer un peu la misérable condition humaine, à propager partout les lumières, à défendre l'humanité contre ses ennemis.

Ce *courage* qui fait braver les périls de la guerre et en fait courir les risques avec plaisir, était le seul connu des anciens chevaliers; nous en connaissons un *autre* d'un genre plus relevé : c'est celui qui fait braver les traits de la tyrannie pour défendre

contre elle la liberté. L'un, appartient à l'ambitieux,
à l'homme avide de pillage, au serviteur fidèle ;
l'autre appartient à l'homme libre , au citoyen qui,
en défendant sa cause, défend celle de sa patrie.
Nous plaçons, avec raison, le *courage civil* au-
dessus du *courage militaire;* parce qu'en effet, il lui
est supérieur , parce qu'il ne peut entrer que dans
les ames nobles, et parce qu'il est la véritable source
qui produit toujours le courage militaire , lorsque
ce dernier devient utile , tandis qu'il ne peut jamais
procéder de celui-ci.

Il est vrai que nous ne savons plus , comme nos
pères, être *soumis* aux volontés individuelles ; mais
en revanche nous savons garder la plus profonde
soumission à la volonté générale, c'est-à-dire , aux
lois : nous savons nous soumettre à leur joug, *à ce
joug salutaire et doux*, a dit le citoyen de Genève ,
*que les têtes les plus fières portent d'autant plus docile-
ment, qu'elles sont faites pour n'en porter aucun autre.*
Il est vrai encore que nous ne savons plus nous *dé-
vouer* à un ou plusieurs individus ; mais nous som-
mes capables d'un parfait *dévouement* envers tous,
c'est-à-dire , envers la patrie. J'avouerai, si l'on
veut, que nous avons à regretter de ne plus savoir
vivre en esclaves ; mais j'ajouterai que nous devons
nous en consoler un peu en pensant que nous savons
vivre en citoyens.

Nos pères prêtant le serment de foi et hommage
à leurs seigneurs suzerains , avaient encore une

vertu qui consistait dans la *fidélité* à observer stric-
tement ce serment, et à mourir pour ne pas le vio-
ler. Cette vertu ne peut plus exister chez nous ;
mais elle est remplacée par une autre, la *fidélité* à
garder le pacte social, et à mourir plutôt que de le
laisser détruire. Enfin, voudra-t-on nous montrer
les vertus des femmes de nos ancêtres *nobles*; nous
n'hésiterons pas un instant à leur opposer celles des
nôtres. La *pudeur*, chez les premières, était jointe
à toutes sortes de sentimens qui s'adaptaient parfai-
tement à l'esprit de la chevalerie, et qui paraissent
à certaines gens d'autant plus admirables qu'ils
étaient romanesques; la *pudeur*, chez nos femmes,
est jointe au sentiment du devoir et à celui de la
conservation de l'ordre social.

, Pour terminer ce parallèle, nous ajouterons que
les vertus de nos ancêtres étaient celles d'une classe
de la société, ou plutôt d'une caste; tandis que les
nôtres sont celles de la nation. Leurs mœurs étaient
toutes relatives à la guerre, à la domination, au
vasselage; les nôtres se rapportent entièrement à la
paix, à l'industrie, à la liberté.

Mais faut-il achever de dévoiler les temps passés,
faut-il arracher tout-à-fait le rideau qui les cache à
nos yeux? Qu'on les examine attentivement, et on
leur trouvera des traits de ressemblance avec les
temps de la férocité gauloise. Oui, les usages, les
mœurs de ces temps si vantés, si regrettés, présen-
tent des caractères qui leur sont communs avec ceux

des usages et des mœurs des farouches Gaulois.
Nous allons essayer d'esquisser ces ressemblances.

La nation, dans le moyen âge, se composait uniquement des *nobles* et des prêtres ; le reste était dans la servitude ou à peu près : lesserfs, même après leur affranchissement, n'eurent pas un changement d'état bien sensible. Le peuple, chez les Gaulois, était aussi à peu près serf ; il ne pouvait rien par lui-même, et n'était appelé à aucune assemblée. Deux castes seulement jouissaient de la considération et du rang : ces deux castes étaient les druides et les guerriers (1).

On sait que, parmi les différentes espèces de recommandations en usage chez les Francs, il y en avait une qui, vile, entraînait la perte de l'ingénuité, ce qu'on appelait *bondage*, et qui avait lieu, lorsque celui qui voulait se recommander, se présentait dans la cour d'un homme puissant, après s'être coupé les cheveux du devant de la tête, et les lui offrait. Les Gaulois avaient aussi une espèce de recommandation à laquelle avaient recours ceux qui se trouvaient poursuivis pour dettes, ou oppri-

______

(1) In omni Gallia, eorum hominum qui aliquo sunt numero atque honore, genera sunt duo : nam plebs penè servorum habetur loco ; quæ per sè nihil audet, et nulli adhibetur concilio..... de his duobus generibus, alterum est druidum, alterum equitum. César. *De bello gallico*, lib. vi.

més par la grandeur des tributs ou le mauvais traite-
ment des puissans ; elle donnait sur eux les mêmes
droits qu'avaient les maîtres sur leurs esclaves (1).

Les seigneurs francs conduisaient leurs vassaux à
la guerre ; les plus illustres des guerriers gaulois
s'entouraient aussi d'un grand nombre de pages ou
valets et de vassaux (2). La vie *noble* consistait ,
chez nos ancêtres , dans la profession des armes et
quelques amusemens ; ce n'était point vivre *noble-
ment* que de s'occuper de travaux utiles : c'était
déroger que de quitter l'état d'oisiveté , et s'*annoblir*
que d'abandonner la vie industrieuse pour devenir
fainéant. Les barbares de la Germanie , comme
les barbares de la France , partageaient aussi leur
vie entre les exercices de la chasse et l'étude de l'art
militaire (3).

Le clergé avait autrefois , chez nous , toutes sortes
d'immunités ; les druides avaient aussi toutes sortes

---

(1) Plerique , cùm aut ære alieno , aut magnitudine
tributorum , aut injuriâ potentiorum premuntur , sese
in servitutem dicant nobilibus : in hos eadem omnia sunt
jura , quæ dominis in servos. *De bello gallico*, lib. VI.

(2) . . . . . eorum ut quisque est genere copiisque
amplissimus , ita plurimos circùm se ambactos clientes-
que habet. *Idem.*

(3) Vita omnis in venationibus , atque in studiis rei
militaris consistit. *Idem.*

d'exemptions : ils n'allaient point à la guerre, et ne payaient pas les tributs (1),

La juridiction des druides, comme celle de nos prêtres, était aussi fort étendue ; c'étaient eux qui statuaient sur les crimes, sur les différends tant publics que privés, et sur les peines et les récompenses. Dans le cas que quelqu'un n'acquiesçât pas à leurs sentences, ils se servaient envers lui d'une arme semblable à l'excommunication chez nous : ils l'excluaient de la participation à leurs sacrifices. Cette peine était très-grave chez eux ; car ceux qui se trouvaient ainsi interdits, étaient mis au nombre des impies et des scélérats. On les fuyait, on évitait leur abord et leur conversation, pour n'être pas atteint de la contagion (2).

____

(1) Druides à bello abesse consueverunt ; neque tributa unà cum reliquis pendunt : militiæ vaccationem, omniumque rerum habent immunitatem. *De bello gallico*, lib. vi.

(2) . . . . fèrè de omnibus controversiis, publicis privatisque, constituunt ; et, si quod est admissum facinus, si cœdes facta, si de hereditate, si de finibus controversia est, iidem decernunt ; præmia pœnasque constituunt : si quis aut privatus, aut publicus eorum decreto non stetit, sacrificiis interdicunt. Hæc pœna apud eos est gravissima : quibus ita est interdictum, ii numero impiorum ac sceleratorum habentur : iis omnes decedunt, aditum eorum sermonemque defugiunt, ne quid ex contagione incommodi accipiant. *Idem.*

Il paraît aussi que les druides étaient chargés de l'éducation de la jeunesse (1). Il paraît encore que c'était parmi eux que se trouvait l'érudition, comme elle se trouvait parmi le clergé durant la barbarie du moyen âge. Ils annonçaient des dogmes ; ils s'occupaient de métaphysique ; ils disputaient beaucoup sur les astres et leur mouvement, la grandeur du monde et des terres, la nature des choses, la puissance et la force des dieux immortels, et ils enseignaient ces choses à la jeunesse (2). Nos prêtres agitaient sans cesse des disputes qui étaient, relativement à eux, ce que celles-ci étaient relativement aux druides et aux lumières des Gaulois.

Les Gaulois (3), comme nos ancêtres, étaient aussi fort superstitieux. Ils avaient cela de commun avec presque tous les peuples, qu'ils attribuaient à la divinité les maux dont ils étaient affectés ; ce qui donnait lieu à des pratiques ridicules et inhumaines. Malgré les lumières du christianisme, les générations qui nous ont précédées avaient hérité de cette

---

(1) . . . . . ad hos magnus adolescentium numerus, disciplinæ causâ concurrit. *De bello gallico*, lib. vi.

(2) Multa . . . . . de sideribus atque eorum motu, de mundi ac terrarum magnitudine, de rerum naturâ, de deorum immortalium vi ac potestate disputant, et juventuti tradunt. *Idem.*

3) Natio est omnis Gallorum admodùm dedita religionibus. *Idem.*

fureur de voir dans les choses qui résultaient du cours des événemens et des lois imprimées de toute éternité à la nature, l'action immédiate et présente de la divinité, et les générations actuelles, malgré les lumières réunies du christianisme et de la philosophie, ne sont pas encore purgées de cette manie.

Nous voudrions qu'on convînt de bonne foi avec nous, s'il est possible, après les avoir mûrement examinés, de louer les siècles passés au désavantage du présent; s'il est possible, en n'écoutant que la raison et mettant les passions de côté, de préférer le brigandage, l'oisiveté, la servitude, à l'ordre social, au travail, à la liberté. Il est rare de trouver un homme qui se déclare ouvertement ennemi de l'humanité ; ses plus grands ennemis eux-mêmes veulent n'agir que pour son bien et dans son intérêt. Cependant il faut bien en être ennemi pour préférer la tyrannie de quelques-uns à la liberté de tous, l'opulence et l'élévation de quelques-uns à l'aisance et à l'égalité civile de tous, pour vouloir enfin rendre la grande majorité des hommes malheureux, afin de porter le petit nombre au faîte de la prospérité.

Il est si vrai qu'aux siècles passés les gouvernemens n'avaient pour objet que la domination de quelques castes; que tout ce qui n'avait point rapport à cette domination encourait le mépris de ces castes. Quand des corps de magistrature qui n'avaient pas pour but l'intérêt des gouvernans, mais bien celui des gouvernés, furent parvenus à s'établir; on vit ceux qui ne pouvaient leur faire d'autre mal les couvrir d'un profond mépris. Une noblesse aussi arrogante qu'idiote, plus que digne elle-même de l'éternel mépris de tous les siècles à venir, et qui faisait la honte de la nature humaine, s'efforçait de jeter du ridicule sur des hommes parmi lesquels on a souvent vu briller la sagesse, le patriotisme, le courage civil, l'amour de la liberté et les lumières, sur des magistrats qui étaient les seuls défenseurs de l'humanité dans ces temps désastreux.

Oh! quel contraste de ces temps-là à nos jours! Aujourd'hui que ces anciens maîtres sont dans l'ombre, la magistrature n'est plus méprisée; elle jouit de tout l'éclat qui lui appartient. La noblesse, au contraire, n'est plus rien; elle a perdu son existence politique. Ces titres pompeux et ridicules, à force d'être vains, dont se parent encore quelques-uns d'entre nous autres citoyens français, n'ont été laissés à ces hommes que par condescendance pour la faiblesse et la frivolité de beaucoup d'entre eux : on ne sépare pas ordinairement tout d'un coup l'enfant de la mamelle.

Ce qui caractérisait les temps passés, c'est l'esprit de castes, l'égoïsme, la prédomination des intérêts particuliers sur l'intérêt général, qui se montraient partout. Aucune branche d'industrie ne se trouvait jamais favorisée sans que cela ne fût au préjudice d'une autre, et les progrès de toutes se trouvaient arrêtés par des entraves que leur suscitait l'intérêt particulier. Tout était division dans l'état ; les provinces même se trouvaient étrangères et ennemies l'une de l'autre, parce qu'il n'y avait point de liberté de commerce et de relations entre elles.

Au lieu de cela, les temps actuels se trouvent caractérisés par l'amour du bien général, par l'esprit patriotique. On cherche bien à donner à chaque branche d'industrie le plus grand degré de développement et de perfection possible ; mais ce n'est jamais aux dépens d'une autre. Tous les intérêts particuliers se montrent bien, et aucun d'eux n'est négligé ; mais au lieu de se montrer en opposition constante l'un à l'autre, ils ne se montrent que comme concourant tous à former l'intérêt général : ce n'est que pour servir l'intérêt général qu'il est en effet permis de faire valoir les intérêts particuliers. Lesquels sont donc préférables des temps où chacun ne voulait que son bien, ou de ceux où chacun veut le bien de tous ; des temps où régnait l'*égoïsme*, ou de ceux où règne le *patriotisme*, et, qui plus est, un patriotisme dont les principes sont en harmonie avec la philanthropie et le cosmopolitisme ?

C'est peut-être remplir une tâche inutile que de défendre notre siècle et la liberté ; voilà pourquoi je me presse de quitter la plume. Mais cependant serait-il vrai que cette défense ne pût être de la moindre utilité? N'y a-t-il pas des pays autour de nous où l'on éprouve les plus grandes difficultés à faire disparaître les restes de l'édifice gothique de la féodalité que l'on y voit encore subsister; et les prétentions, les idées, les préjugés qui empêchent de détruire ces débris, ne se retrouvent-ils pas même au milieu de nous? Cette terrible catastrophe que la France a éprouvée et que l'on a coutume de désigner sous le nom de *révolution*, a cessé entièrement d'exercer son influence sur nous : mais ne devons-nous pas veiller à ce que jamais une pareille catastrophe ne vienne plus amener de nouveaux malheurs ; et, fiers de la cause que nous avons à soutenir, ne devons-nous pas montrer au monde entier que la conservation et l'affermissement de nos institutions actuelles sont les seuls objets de nos vœux, et que l'accusation banale de *révolutionnaires* dont on se plaît à nous charger, ne nous convient nullement, mais qu'elle sert à cacher les idées *révolutionnaires* de certaines gens qui nous la prodiguent? D'ailleurs, pour combien les arrière-pensées n'entrent-elles pas encore dans la politique européenne; et ne serait-il donc bon à rien de combattre les choses auxquelles se rapportent ces pensées qui se cachent, parce qu'elles n'osent pas se montrer? Toutes ces réflexions pourraient faire croire que cet écrit peut n'être pas d'une parfaite inutilité, même au dix-neuvième siècle. — Toutefois nous désirerions être arrivés à l'époque où un écrit de ce genre pût paraître déplacé.

O vous, amis de la patrie et de la liberté, FRAN-
ÇAIS qui, seuls, méritez ce nom, c'est à vous que
j'adresse mes dernières lignes ! Que nous confondant
tous dans l'amour de l'ordre social et du bien de
l'humanité, nous soyons toujours unis par les liens
les plus sacrés ; et que, tandis que les ennemis de ces
objets de nos désirs et de nos travaux répètent à demi-
voix ces mots : *Guerre et servitude*, qu'ils ont pris
pour signe de ralliement, nous fassions retentir partout le cri sublime qui explique toutes nos pensées,
le cri qui doit sans cesse nous rappeler le but de nos
efforts, et être toujours notre signe de ralliement :
Paix et liberté !

FIN.